AYUDANTES DE LA COMUNIDAD

VETERINARIOS

por Golriz Golkar

collar isabelino

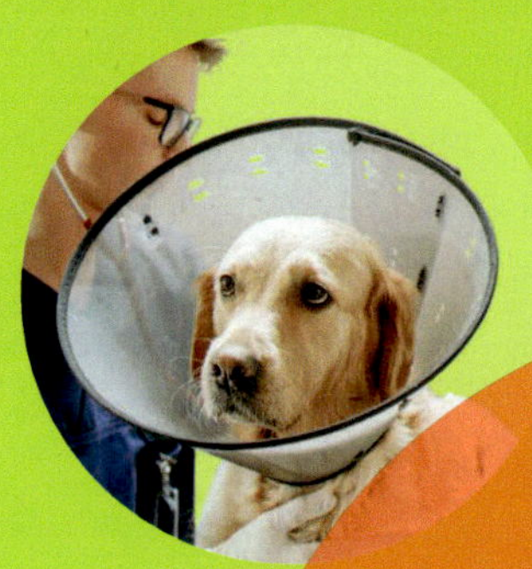

inyección

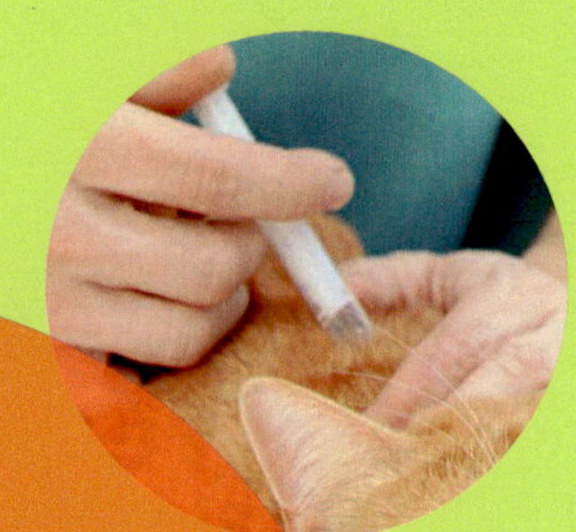

Busca estas palabras e imágenes mientras lees.

hámster

vendaje

Los veterinarios nos ayudan.
¿Qué hacen?

La clínica está llena.
Muchas mascotas
esperan al veterinario.

collar isabelino

El perro tiene un corte.

Lleva un collar isabelino.

Esto evita que se rasque el corte.

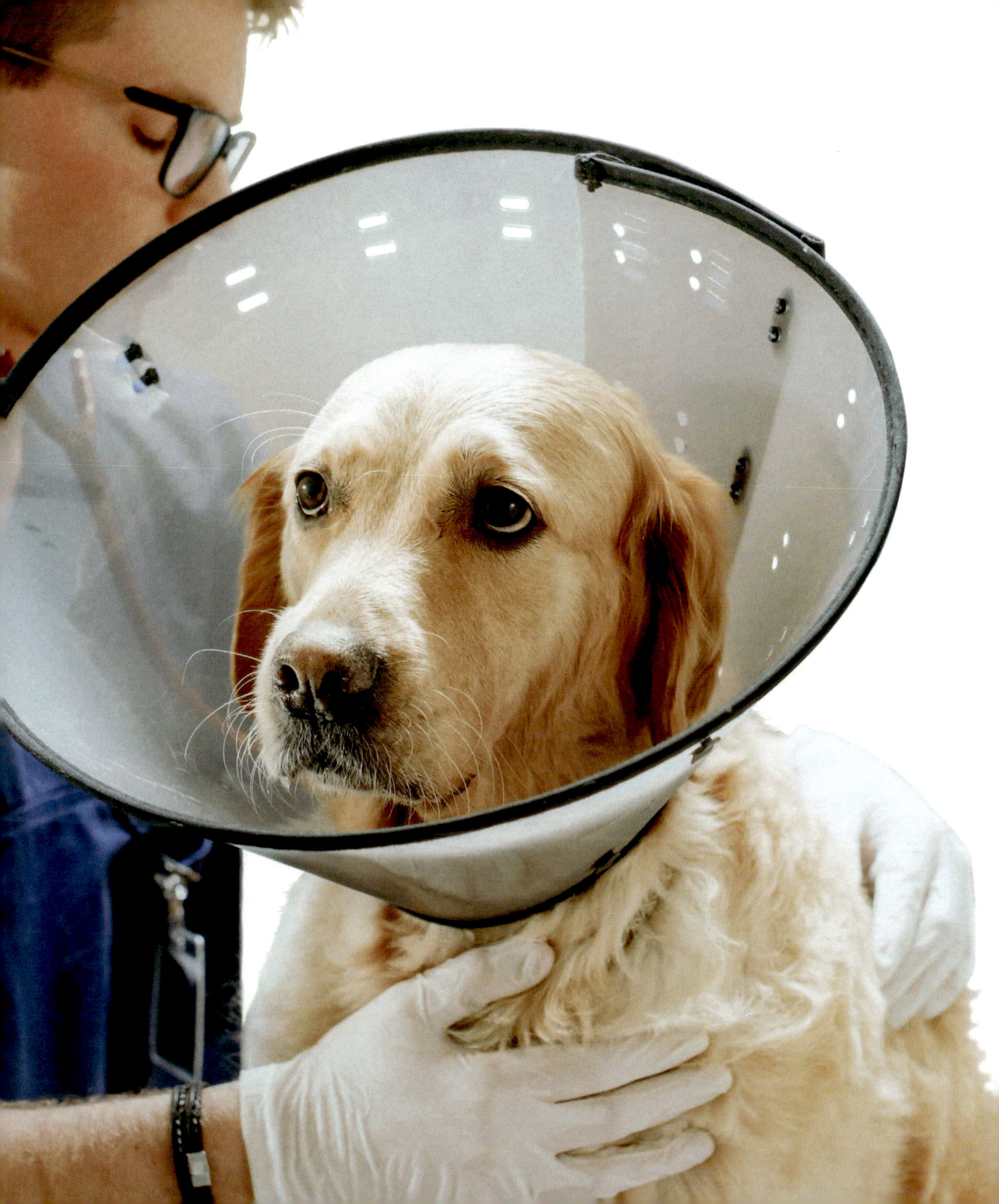

Este gato recibe
una inyección.
Esto lo mantiene sano.
¡Miau!
inyección

hámster

¡Oh, no!
Este hámster está enfermo.
La veterinaria le
revisa el corazón.

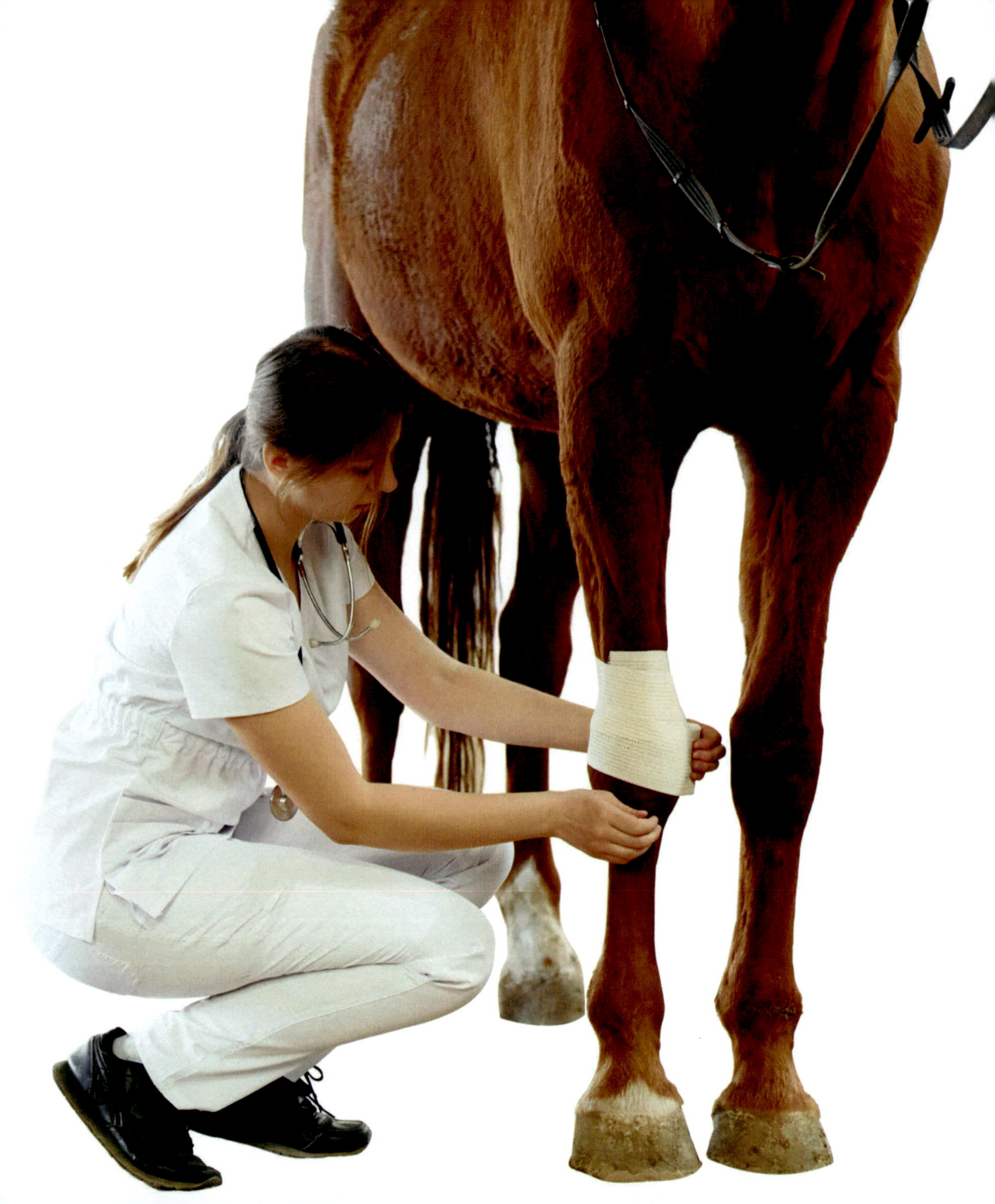

vendaje

Este caballo tiene
una pata lastimada.
Le ponen un vendaje.
¡Mucho mejor!

Los veterinarios son
doctores de animales.
Hacen que los animales
se sientan mejor.

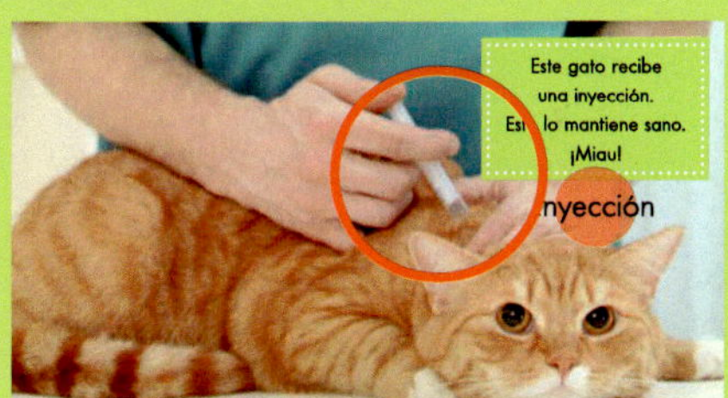

collar
isabelino

inyección

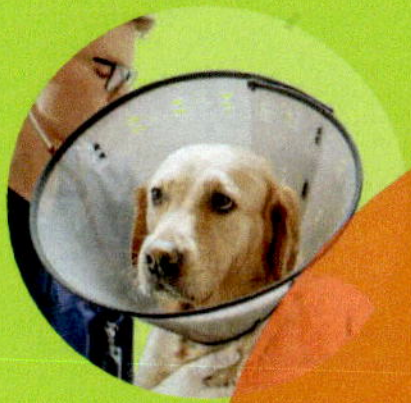

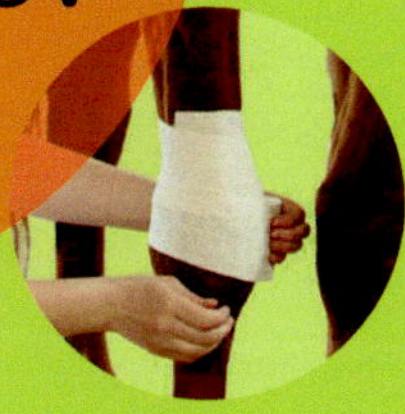

¿Lo
encontraste?

hámster

vendaje

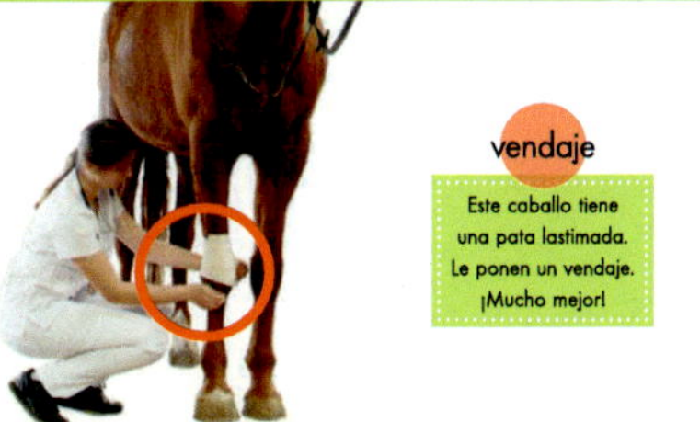

Publicado por Amicus Learning, un sello de Amicus
P.O. Box 227, Mankato, MN 56002
www.amicuspublishing.us

Library of Congress Cataloging-in-Publication Data
Names: Golkar, Golriz, author.
Title: Veterinarios / by Golriz Golkar.
Other titles: Veterinarians. Spanish
Description: Mankato, MN : Amicus Learning, an imprint
  of Amicus, [2026] | Series: Ayudantes de la comunidad |
  Audience: Ages 4–7 | Audience: Grades K–1 | Summary:
  "Veterinarians are doctors for animals. They keep our
  pets healthy! Learn how they help the community in this
  low-level beginning reader that reinforces new Spanish
  vocabulary with a search-and-find feature. A great early
  social studies book that will inspire kindergartners and first
  graders to learn about jobs in their community. Translated
  into North American Spanish"— Provided by publisher.
Identifiers: LCCN 2024051873 (print) | LCCN
  2024051874 (ebook) | ISBN 9798892006743 (library
  binding) | ISBN 9798892007344 (paperback) |
  ISBN 9798892007948 (ebook)
Subjects: LCSH: Veterinarians—Juvenile literature. |
  Veterinary medicine—Juvenile literature.
Classification: LCC SF756 .G6518 2026 (print) |
  LCC SF756 (ebook) | DDC 636.089092—dc23/
  eng/20250115

Ana Brauer, editora
Deb Miner, diseñador de la serie
Sara Hood, diseñador de libro y
  investigación fotográfica

Créditos de Imágenes:Getty Images/
AzmanL, 4–5, elenaleonova, 8–9, Fuse,
3; Shutterstock/aslysun, cover, Beach
Creatives, 14, DnDavis, 1, Gorodenkoff,
6–7, santypan, 10–11, Standret, 12